BIG ARCHITECTURE BOOK

住宅設計ドローイング

Corrugated-Sheet House

波板の家

著
山下大輔

写真
山岸剛

Architect:
Daisuke YAMASHITA

photographer:
Takeshi YAMAGISHI

Corrugated-Sheet House

Architect:
Daisuke YAMASHITA

BIG
ARCHITECTURE
BOOK

Ohmsha

本書を発行するにあたって，内容に誤りのないようできる限りの注意を払いましたが，本書の内容を適用した結果生じたこと，また，適用できなかった結果について，著者，出版社とも一切の責任を負いませんのでご了承ください．

　本書は，「著作権法」によって，著作権等の権利が保護されている著作物です．本書の複製権・翻訳権・上映権・譲渡権・公衆送信権（送信可能化権を含む）は著作権者が保有しています．本書の全部または一部につき，無断で転載，複写複製，電子的装置への入力等をされると，著作権等の権利侵害となる場合があります．また，代行業者等の第三者によるスキャンやデジタル化は，たとえ個人や家庭内での利用であっても著作権法上認められておりませんので，ご注意ください．
　本書の無断複写は，著作権法上の制限事項を除き，禁じられています．本書の複写複製を希望される場合は，そのつど事前に下記へ連絡して許諾を得てください．

出版者著作権管理機構
（電話 03-5244-5088，FAX 03-5244-5089，e-mail: info@jcopy.or.jp）

JCOPY ＜出版者著作権管理機構 委託出版物＞

目次

序 ………… 7

texts
建築概要 ………… 8
ゾーニング/〈尺度(スケール)〉の文脈 ………… 10
半外部空間/〈構成要素(エレメント)〉の文脈 ………… 12
マテリアル/〈肌理(テクスチャー)〉の文脈 ………… 13
〈現代の民家〉としての「波板の家」 ………… 14

photographs
「波板の家」の写真の仕上げについての覚書(文:山岸剛) ………… 16

drawings
〈厳格さ(リジッド)〉と〈曖昧さ(アドホック)〉のディテール ………… 41
1階平面詳細図 ………… 40
2階平面詳細図 ………… 42
3階平面詳細図 ………… 44
東立面詳細図 ………… 46
ディテールドローイング ………… 48
鉄骨詳細図 ………… 50
A断面パース ………… 52

あとがき ………… 54
建築データ ………… 55

序

　2013年初頭から、三つの都市型住宅と並行して長い時間をかけ進められていたプロジェクトがある。2017年に竣工した「Corrugated-Sheet House／波板の家」。この本の題材となる住宅である。

　はじめて現地を訪れたとき、そしてその後何度も足を運んでも即座には特徴を掴み切ることが難しい、何か茫漠とした周辺環境であった。過密な住宅地の中に建ちあがる、いわゆる狭小住宅の類型とはまったく異なる条件での設計は、「一体何を〈コンテクスト〉として読み解き応答するか」、そして「いかにして建築表現の〈自律性〉〈強度〉を保つことができるか」ということを終始問い続けることになった。

　別のいい方をすれば、関係法規制などを整理していく過程で自動的に〈かたち〉や〈仕様〉が決まり、条件下の最適解を合意形成の中で見つけ出す、ある意味退屈な作業に終始せざるを得ない「現代の都市型住宅の主体性を欠いた設計行為への自己反省」と、「どうすればその限界を回避することができるか」をずっと自問自答していたような気がする。

　そのような状況の中で結果的に見つけ出したことは、〈原型(プロトタイプ)〉性がもつ新たな〈開放(オープンエンド)〉系への試行、とでもいったらいいものだろうか……。

建築概要

愛知県の西、愛西市に建つ、夫婦と子ども3人のための住宅である。母屋の敷地と隣接する広い所有地の一角に計画された。鉄骨造3階建ての3列3行の9スクエアグリッド、約8.2mキューブの極めてシンプルな純粋〈幾何学〉形態をメインヴォリュームとする。この厳格な形態を成立させる構造は、井桁状に組んだH形鋼の柱梁や土台、ブレースと、垂直荷重を負担する中央と四隅の8本の細い鋼管の柱で構成され、その鉄骨フレームがコンクリートの基壇の上に軽やかに載せられた形式である（コンクリートの基壇を一般よりも高く設計しているのは、この地域が海抜0m地帯に位置していることから、台風や付近の川の氾濫による洪水などへの水害対策のひとつである）。そのヴォリュームを既存の母屋や庭との関係に配慮した上で、絶対軸である南北軸に合わせて配置し、前面道路との余白にエントランスやポーチ、基壇から拡張されたアプローチ階段や駐車スペースをつくり、敷地境界との余白にいくつかの新たな庭を構築した建築だ。

愛西市は大部分が市街化調整区域に指定されており、計画敷地も例にもれず開発行為を抑制されている地域であるために、敷地周辺を広域に俯瞰しても建造物それぞれがバラバラでそれらの形成秩序を把握することはできず、目線の高さで周囲を見渡しても隣地との形態の関係性を直接的にもつことができない。このような目に見える規範がなく、形態を生み出す拠り所となる外的要因が希薄な場所において、造形を思考する上で普遍的な幾何学の〈かたち〉やグリッドの〈図式〉、方位の〈絶対軸〉を用いて計画をまとめたのは、建築表現の〈恣意性〉を極力排除した秩序の枠組みの中で、客観的な〈理性〉を保つ必要性を強く感じたからに他ならない。

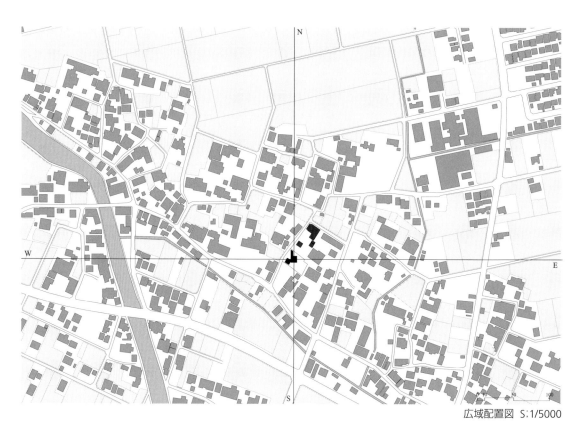

広域配置図 S:1/5000

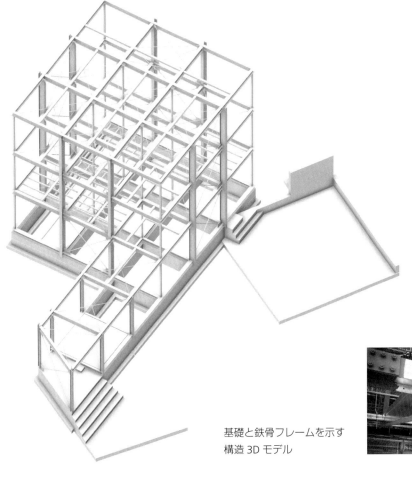

本建物の構造形式は鉄骨ブレース構造であり、H形鋼H-300×150とターンバックルM27〜M16による強固な外殻を耐震フレームとし、これらを構造表現する建築デザインとしている。鉛直荷重は、井桁状の梁と四隅および内部の小径柱□75で支持し、各柱はコンクリート基壇の上に配置される鉄骨土台H-200×200と接合することで、シンプルで接合部レスに見えるような柱脚ディテールが可能となった。

また鉄骨フレームの現し、メッキ計画、接合プレートのデザインや溶接位置など細部ディテールに至るまで設計者と協働し、工業的な鉄鋼を審美性のある建築デザインに昇華させた。

（田村尚土／ディックス）

柱と梁の接合部や柱脚ディテールの現場写真

基礎と鉄骨フレームを示す構造3Dモデル

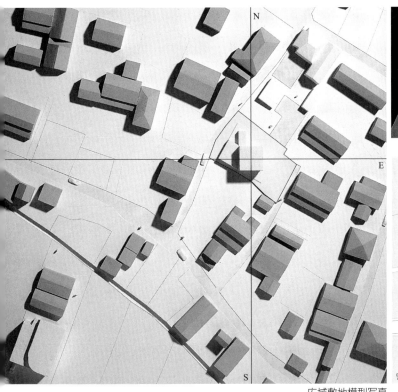

広域敷地模型写真

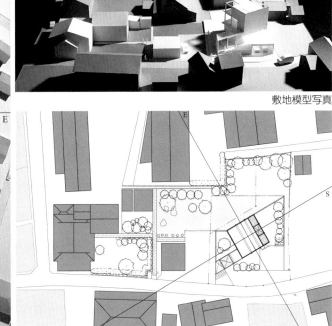

敷地模型写真

配置図　S:1/900

ゾーニング／〈尺度(スケール)〉の文脈

　平面計画はグリッドに沿ったシンプルな構成である。1・2階はひとつながりの空間で、前面道路のある西側の閉じた3グリッドに、住宅の機能を担保する〈コア〉として、階段／廊下／PS／水廻りを配置し、東と南北に開いた残りの6グリッドに、居住スペースとしての〈公〉的空間（パブリックスペース）と〈私〉的空間（プライベートスペース）を配置するゾーニングとした。

　リビングダイニングなどの〈公〉的空間は4グリッド、平面として5.46m × 5.46mの大きさをもち、断面としても雁行した形状で5.4mの高さの空間だ。つまり〈静〉的な8.2mキューブの中に、雁行した5.4mキューブの〈公〉的空間が〈動〉的に貫入され、残りの空間をプライベートルームなどの〈私〉的空間としている。3階は〈コア〉が縮小されるために、プランが旋回して南に大きく開いた独立した構成となっている。

　1・2階の〈公〉的空間の5.4mというのは、いうまでもなく尺貫法でいう三間であり、この空間は三間四方の〈九間(ここのま)〉の平面となる。この大きさを確保したのは、『間（ま）・日本建築の意匠』（鹿島出版会 1999）にて神代雄一郎も指摘するように、日本建築の意匠に伝統的に多く用いられ、人間的尺度をもち人が集まる場として理想的な空間とされる〈尺度(スケール)〉を参照した結果である。

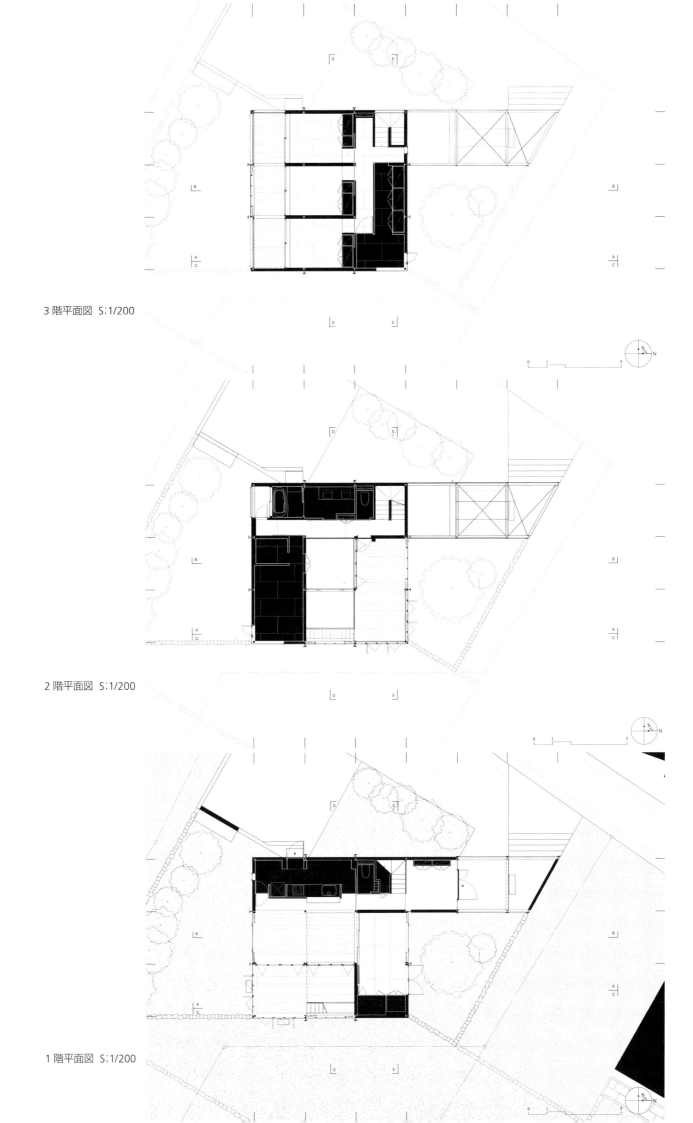

3 階平面図 S:1/200

2 階平面図 S:1/200

1 階平面図 S:1/200

半外部空間／〈構成要素(エレメント)〉の文脈

　キュービックなヴォリュームの中には、完全に内部化された空間の外側に、大きな〈半外部空間〉が三つ内包されている。鉄骨の軸組空間の中で、内側のアルミサッシと外側の半透明のポリカーボネイト折れ戸建具の開閉により、内と外の環境が可変的かつ流動的となり、空間の性格を変えながらフレキシブルな利用を可能にする〈中間領域〉として位置づけている。

　1階はリビングダイニングの延長として既存から連続した庭と直接的に関係をもつ場所、2階は1階から断面的なつながりをもち母屋や敷地内のたくさんの樹木を一望する場所、3階は天上のリビングとして周辺環境の上部から遠方の風景を享受する場所となる。

　これらの〈半外部空間〉は、〈開口部〉として周りの事物への触手としての役割はもちろんのこと、厚みをもった〈空気層〉として、淡くやわらかな光や穏やかな風を導き入れると同時に熱環境などの調整装置としての役割にも期待しており、〈建具〉〈障子〉〈縁側〉といった構成言語の現代的な再解釈といえる。

　つまり、われわれの身体に内在する日本建築のもつ〈尺度(スケール)〉や〈構成要素(エレメント)〉の特性から、周辺に多く存在する家屋や民家との〈空間性〉の文脈に応答させるための考察であった。

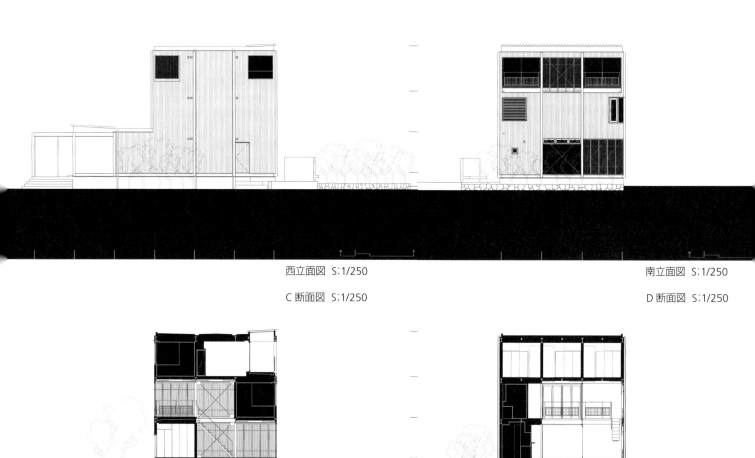

西立面図 S:1/250　　　　　南立面図 S:1/250
C 断面図 S:1/250　　　　　D 断面図 S:1/250

マテリアル／〈肌理（テクスチャー）〉の文脈

　外装の仕上げとしてガルバリウム鋼板やポリカーボネイト波板などの工業規格品が採用されたのは、周囲をよく観察していると気がつくのだが、この地域の家屋や倉庫、工場などで数多く使用されている金属板やトタンなどの素材への応答を考えたからだ。外構で使用される庭石やブロック塀もまた同様である。

　内部の〈公〉的空間の仕様についても、構造体のH形鋼などの鉄骨フレームが露出し、階段や手摺には丸鋼や平棒、アングル、そしてチェッカープレートやワイヤーメッシュなどの鋼材、仕上げにはラワン合板や足場板、サッシレスに見える大判ガラス、照明には裸電球を用い、建築全体のインダストリアル・ヴァナキュラーの意識に共鳴するイメージやディテールを徹底させている。

　一方で、〈私〉的空間や水廻りなどの機能空間は一転して記号的に抽象的な〈白〉い仕上げとし、独立したホワイトボックスが、内部の風景をつくるさまざまなエレメントと並置され鉄骨フレームの間にそっと挿入された構成としている。

　これらの〈肌理（テクスチャー）〉へのアプローチは、この地域の人々の記憶にある素材のもつ〈物性〉の文脈に応答し、現代的な視点のもとで捉えた土着性を創出すべく行った造形的実践であった。

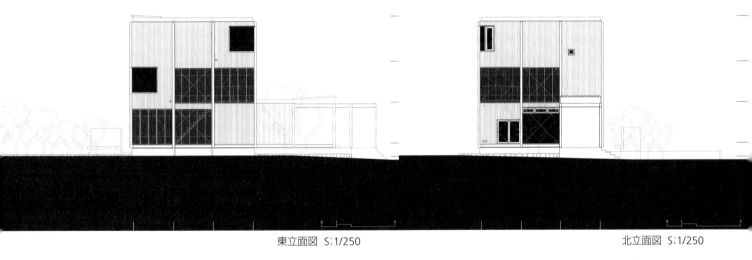

東立面図　S:1/250　　　　　　　　　　　　北立面図　S:1/250

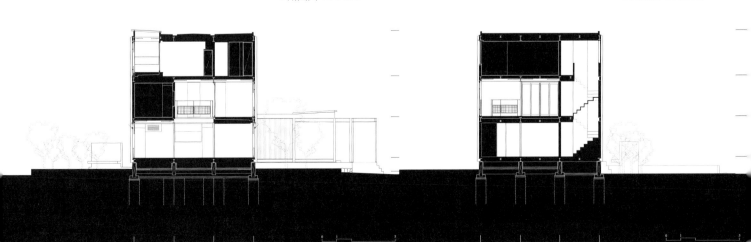

B 断面図　S:1/250　　　　　　　　　　　　E 断面図　S:1/250

＜現代の民家＞としての「波板の家」

　いま振り返ってみるとこの計画で考えた〈コンテクスト〉の読み解きとは概ね、幾何学の〈理性〉、日本建築の〈空間性〉、素材のもつ〈物性〉、それら三つの記憶を思い起こすことであったように思う。

　幾何学やグリッド、絶対軸の〈図式〉で客観的〈理性〉を保つ一方で、その自立性から自己完結的に内向して環境から遊離することを回避するために、〈空間性〉と〈物性〉を媒介にして環境に接続していく。都市型の〈公〉的な要素を整理することで〈かたち〉を〈形成〉することではなく、非都市型の〈私〉的な〈かたち〉の戯れを自由奔放に〈生成〉することでもない。〈かたち〉の〈共感〉を求めるのではなく、〈記憶〉を〈共鳴〉させること、これが茫漠とした環境への静かな回答であった。

　将来、敷地内にはたくさんの植物が新たに植えられていくことだろう。一見すると周囲と無関係に置かれたように見える〈幾何学〉の〈かたち〉の力により、いまは唐突さを感じざるを得ないかもしれない。しかし経年変化の中で素材の肌理とともに豊かな緑の中に溶け込むことで、より周辺環境と呼応した落ち着いた佇まいをもつエイジングされた風景をこの場所につくり出していくはずだ。この住宅が市街化調整区域におけるプロトタイプとしての〈現代の民家〉となり、新たな〈コンテクスト〉の形成を先導する建築になっていくことを願っている。

さて最後に少しばかり大げさないい方が許されるならば、この「波板の家」(2017)は、ピエール・シャロー「ガラスの家」(1931)への現代的なオマージュである。「ガラスの家」は、パリの中心部サン・ジェルマン・デュプレ教会の近く、中庭と庭園に挟まれた18世紀の伝統的な邸宅の3階部分を残して、その下の2層に新たな3層の住居を挿入した都市型の住宅。一方、「波板の家」は、愛知県の西に位置する愛西市の市街化調整区域の茫漠とした環境に建てられた一戸建ての非都市型の住宅。周辺環境、さまざまな状況や条件、そして時代までもまったく異なる二つの住宅であるが、そこに何かしらの類似性や関連性はあるのだろうか？

ケネス・フランプトンによる「ガラスの家」に関するいくつかの論考『Perspecta』(The Yale Architectural Journal 1969)、『モダンアーキテクチュア（2）1920-1945』(A.D.A.EDITA Tokyo 1999)で示されているように、その建築の独創性として「articulation：分節があること」「transformation：交換できること」「transparency：透明であること」の三つの様相を挙げている。つまり、工業規格品を用いたモデュール化やコラージュによる手法で構成され、変幻自在にエレメントが可動して場が置換される、光がふんだんに溢れる空間。そして、人間的尺度にも重きを置いた何か日本的な雰囲気も感じる空間。その空間の在り方は、「波板の家」との〈相同性〉を感じずにはいられない……、としたらいいすぎだろうか。

ミース・ファン・デル・ローエの「ファンズワース邸」(1950)や「I.I.Tキャンパス群」の構成やディテールがもつ建築の〈気品〉は参考にすべきことは大いにある。しかし現代においてはやや高級で〈貴族〉的すぎる。アリソン・アンド・ピーター・スミッソンの「ハンスタントンの中学校」(1954)は〈モノ〉の直接的で生な在り方は魅力的で個人的な趣向でもある。しかし現代ではブルータリズムの思考はどうも〈即物〉的すぎて住宅にはいささか乱暴な手段な気がする。では一連の「ケーススタディハウス群」はどうだろうか。パッチワーク的でラフなつくり方と開放感は近頃の〈気分〉を象徴してはいるが、それでは現代に〈楽観〉的すぎる。そこで時代をさらに遡り「ガラスの家」である。

20世紀〈工業〉化住宅のプロトタイプを志向しながらも、19世紀的な職人の技によって成立している〈工芸〉的住宅である近代建築の傑作を見直すことは、昨今忘れがちな〈強度〉をもった〈建築〉をつくる上で有効な方法論を示してくれるように思えてならない。少なくとも、縮退の時代といわれ、〈建築〉を試行することが困難で綿密に構築することを評価されない時代のいま、「波板の家」を設計する過程で「ガラスの家」が大きな勇気とほどよいバランス感覚をわれわれに与えてくれたことは間違いない。それは換言すれば、今日的な「ガラスの家」をこの場所につくると「波板の家」となって目の前に現れた……、ということができるのかもしれない。

「波板の家」の写真の仕上げについての覚書

山岸 剛

photographer:
Takeshi YAMAGISHI

その一

「波板の家」の敷地は、かの木曽三川の長年にわたる無数の氾濫によって形成された

濃尾平野の三角州に位置し、よってその建築の基礎はひときわ高く設計されている。

この過剰なまでの基礎がすっぽり怒涛に呑み込まれるとき、黒の正立方体がはじめて、

濁流のただなかに建ちあがる。人工と自然の、二つの波立つ面(おもて)を想像すること。

建築はまったき自然に対峙したとき、もっとも健康的で、もっとも美しい。

その二

「どんなに黒い黒も、ほんとうの黒であったためしはない。一点の輝きもない黒の中に

目に見えぬ微小な白は遺伝子のようにかくれていて、それはつねに黒の構造そのものである。

存在のその瞬間から黒はすでに白へと生き始めている…」*
・・・・・
とはしないこと。この建築の波板の黒は、白へと階調豊かに移行していく黒ではなく、

プロセスなしの黒、即自的な黒であり、この黒がなにがしか表情を変えるとすれば、

それは黒のただなかで、波板という表面の肌理との触覚的な相関においてのみである。

その三

「波板の家」の、とりわけその内部の撮影において、全体を志向すると建築の全体性は遠のいた。

撮影を繰り返すうち、全体を断念して撮影した「部分」に、意図せざる「全体性」が現れた。

これをもってさらに撮影を繰り返す。結果得た、全体性を体現した部分たちをそのまま、

文字どおり部分的に、つまり各部分同士のつながりを断ったまま、マシニックなシークエンスと

して連続させる。これによってもうひとつの、来たるべき建築の全体性に向かうこと。

「波板の家」の写真は撮影されて後、以上の三指針をもとに仕上げられ、

選ばれてこの本に配列された。

* 谷川俊太郎「灰についての私見」。詩集「定義」(思潮社 1975) より

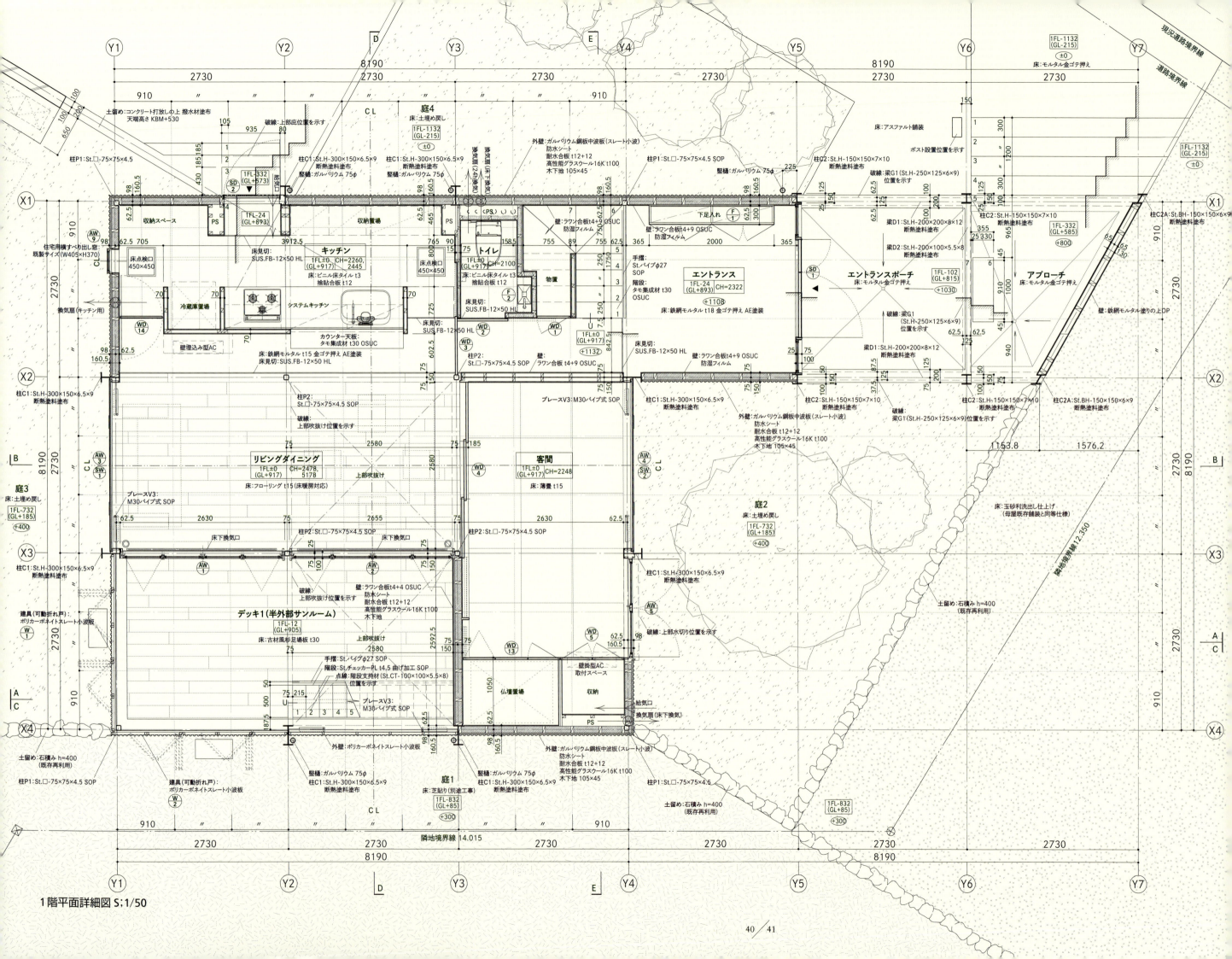

〈厳格さ〉と〈曖昧さ〉のディテール

　建ちあがってくる姿や生み出される空気感を想像し、設計のはじまりから試行錯誤しながら何度も描き直し最後に竣工図としてまとめた設計図書から、詳細図を中心としたいくつかのドローイングを紹介する。それらを振り返ってみると、普遍的に〈残〉り続けるものとして〈厳格さ〉(リジッド)を求めた〈モノ〉と、個別的にいずれは更新され〈変〉わるものとして〈曖昧さ〉(アドホック)をもった〈モノ〉を並置させてこの住宅をつくってきたことが改めてわかった。たとえば〈ディテール〉について。前者は内外に露出しているテクトニックな鉄骨の構造体の精度に、後者はラフさをもつ外装内装や建具、その他二次部材のブリコラージュな仕上げとして──。

　〈いま〉私たちが生きる社会背景の中で建築をつくるときには、ある精度が精緻を極めれば何か自己満足的な内向性を拭いきれず社会から遊離してしまうし、一方で場当たり的なあけっぴろげさでは環境に迎合しすぎてさすがに建築がかわいそうだ。歴史、構成、比率、構造計画、環境性能、ディテール、……。扱う〈モノ〉は何であれ、いずれにしてもどちらか一方の単義的な思考や手法で構想・構築するだけでは不十分ではないか。両者をバランスよく併存させてそれぞれの状況や環境に接続させることがことさら重要だと思うし、さらにその弁証法的な対立関係が見える建築に魅力を感じる。

　一見すると対極にありお互いが相容れないような概念の〈ディテール〉の共存関係をありのままに表現するべく、全体の枠組みは S；1/40 として部分詳細は S；1/10 で描いているディテールドローイングを掲載している。一般的な詳細図のみならずディテールドローイングにおいて、〈全体性〉を把握しつつ〈部分〉も見つめる、そのような思考の伸縮を繰り返し往復することで、〈厳格さ〉(リジッド)と〈曖昧さ〉(アドホック)の両義性をぜひとも読み解いていただきたいと思う。

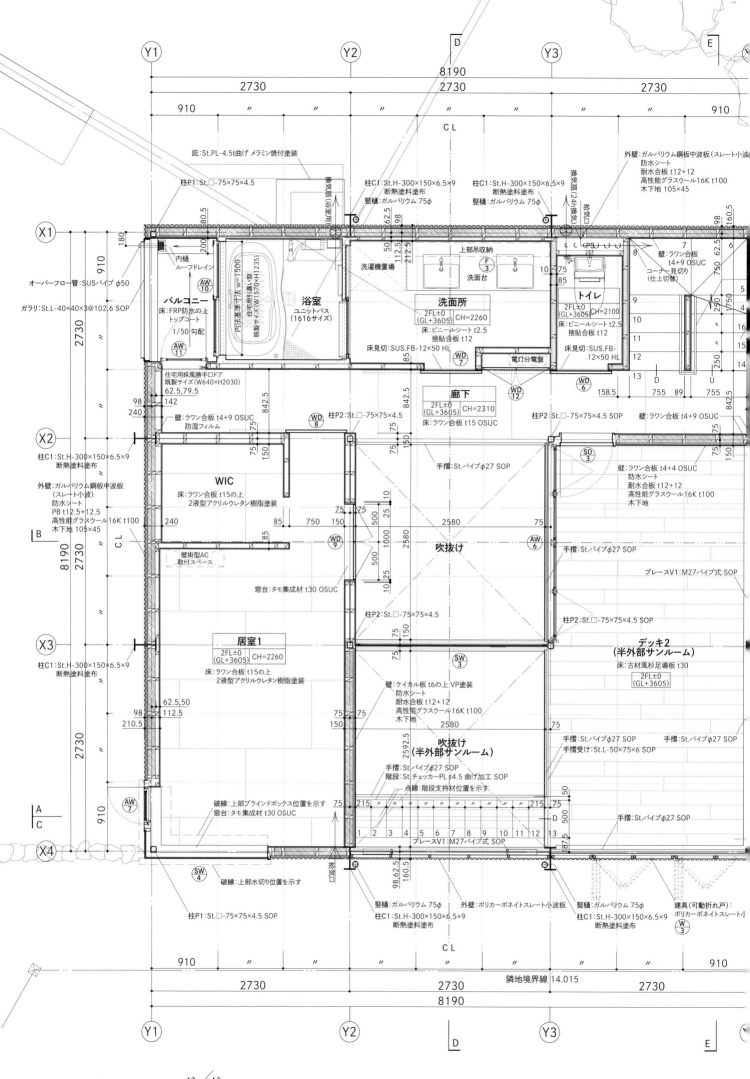

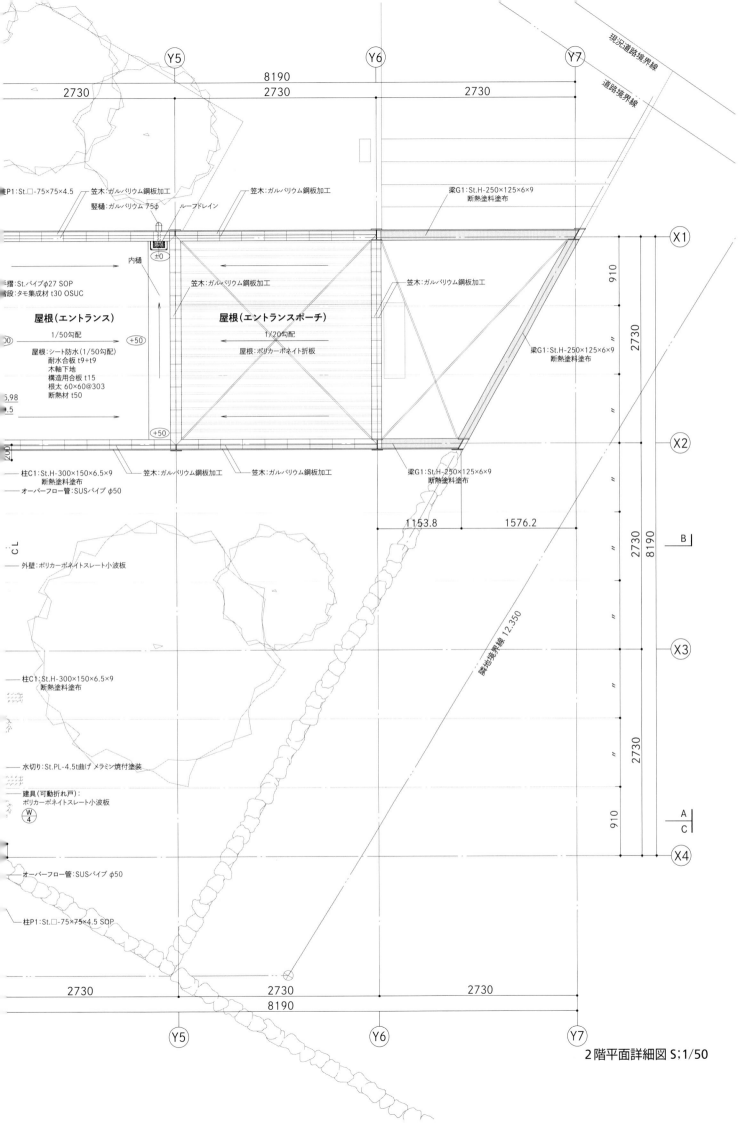

2階平面詳細図 S;1/50

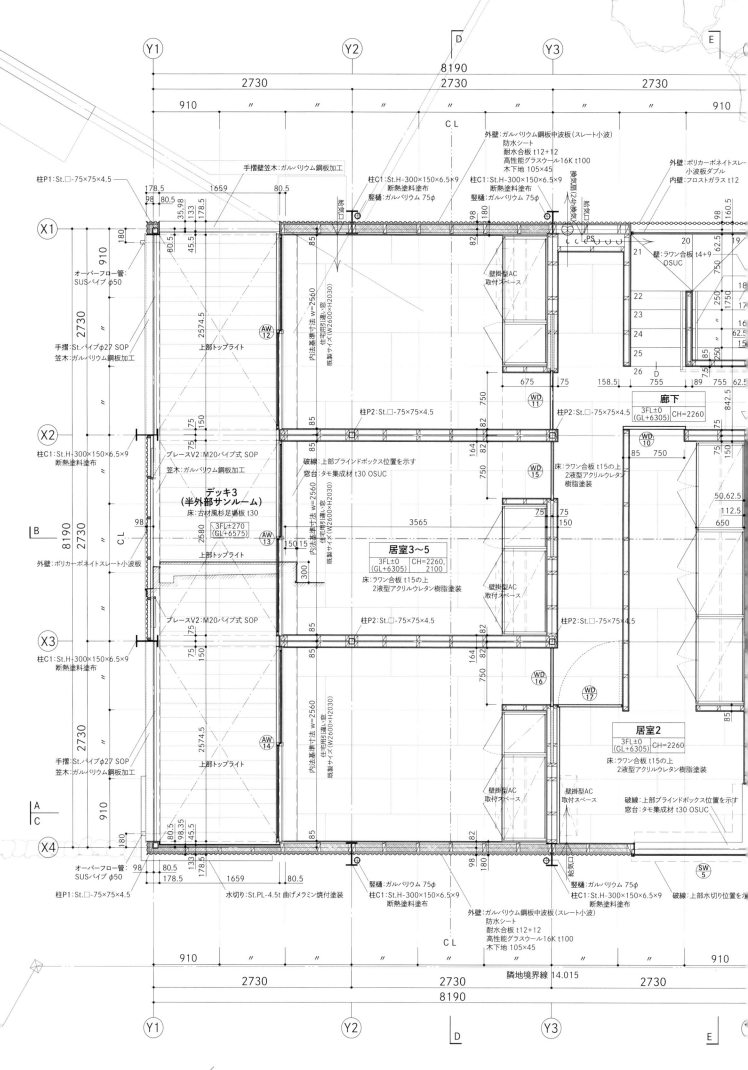

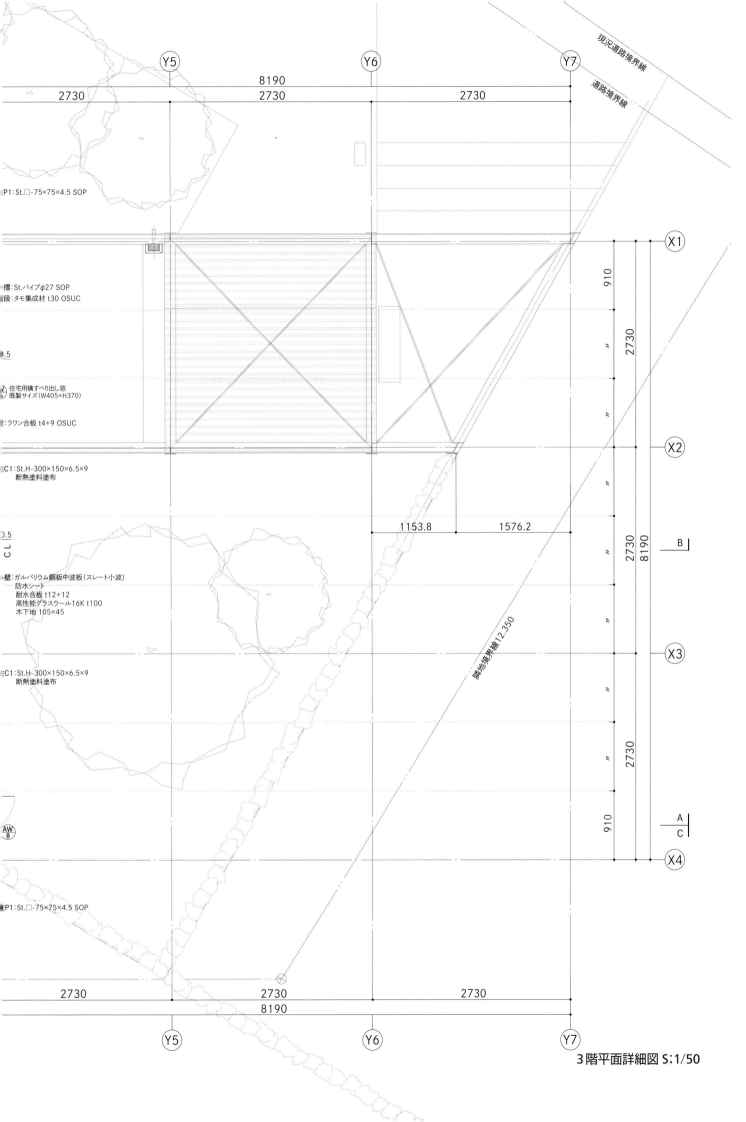

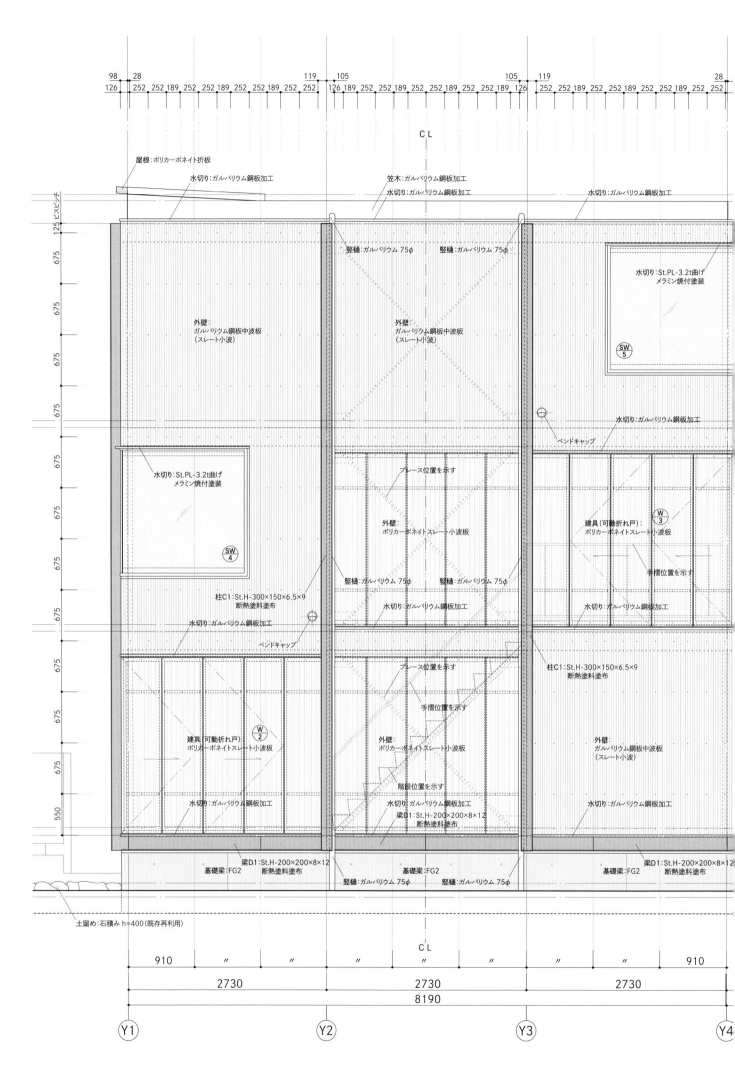

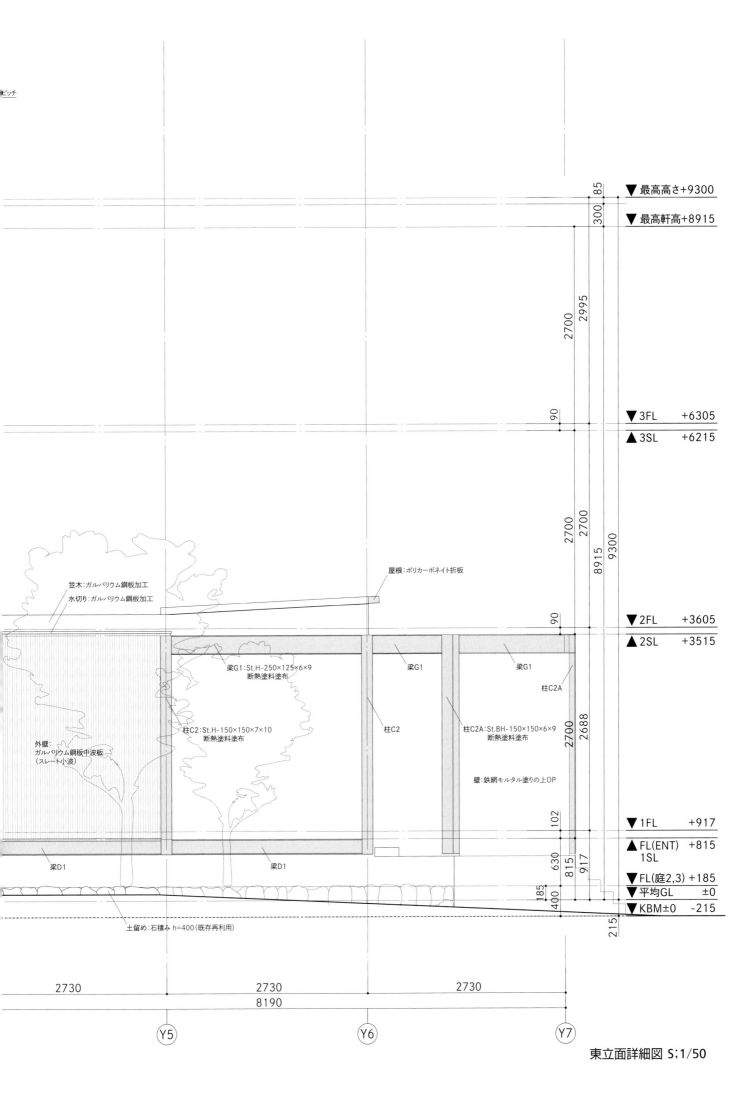

東立面詳細図 S;1/50

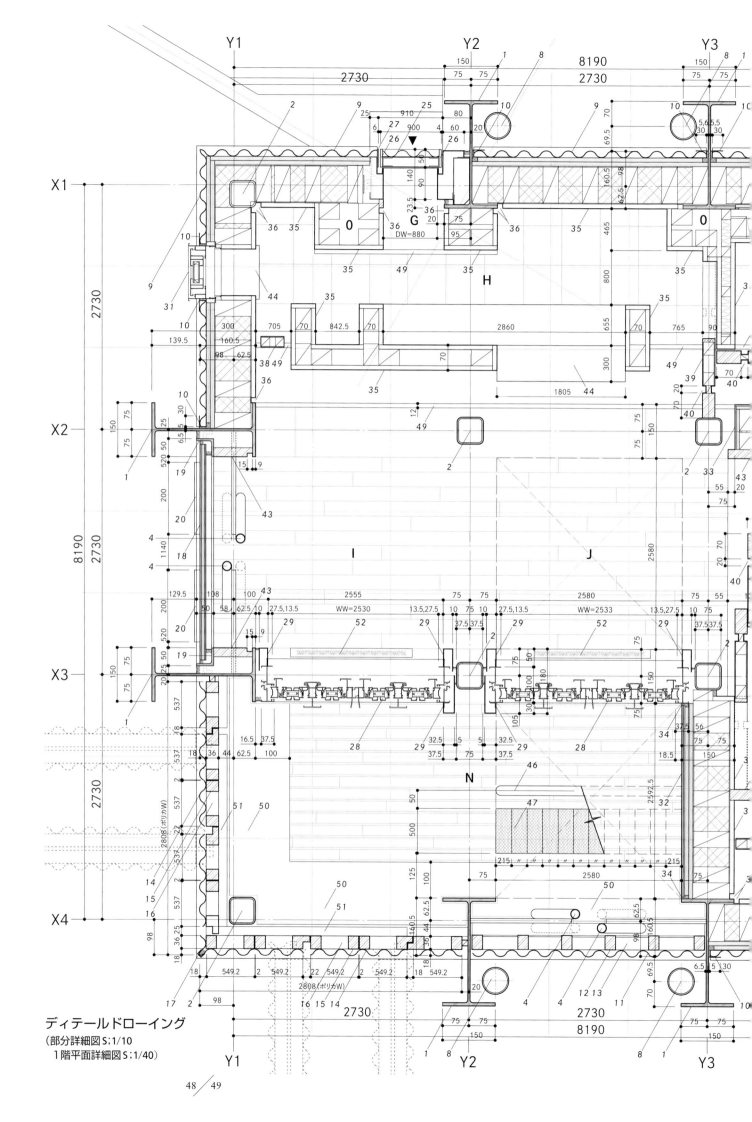

ディテールドローイング
（部分詳細図 S;1/10
1階平面詳細図 S;1/40）

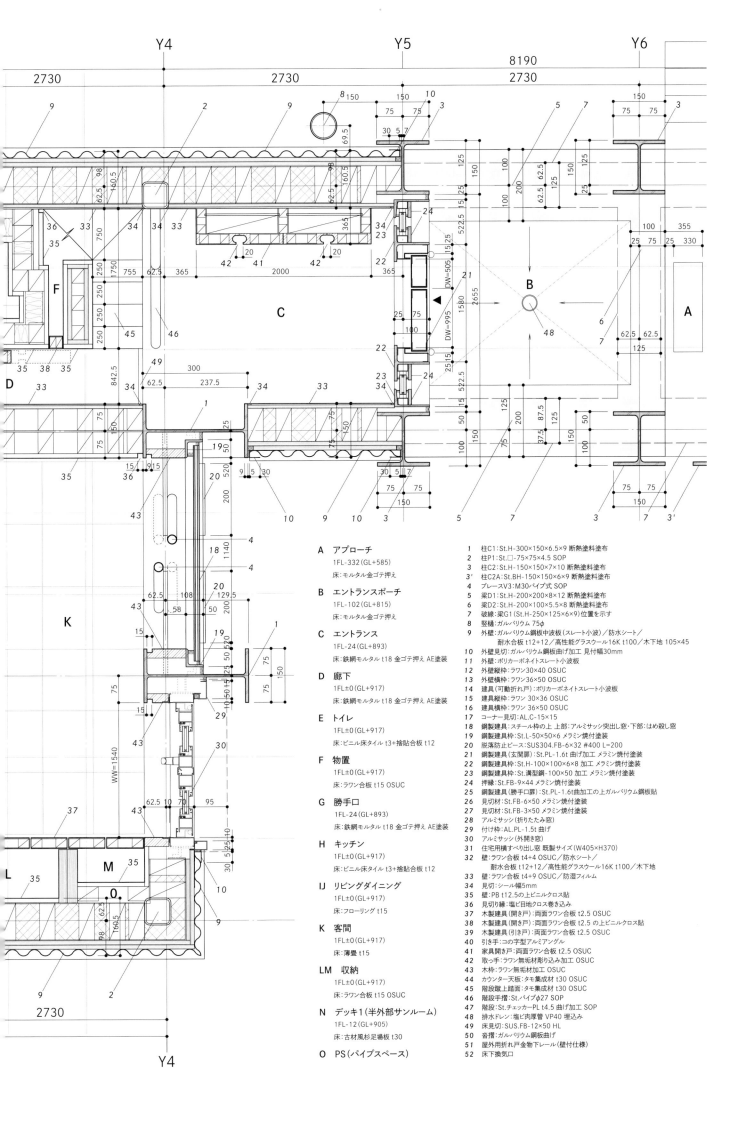

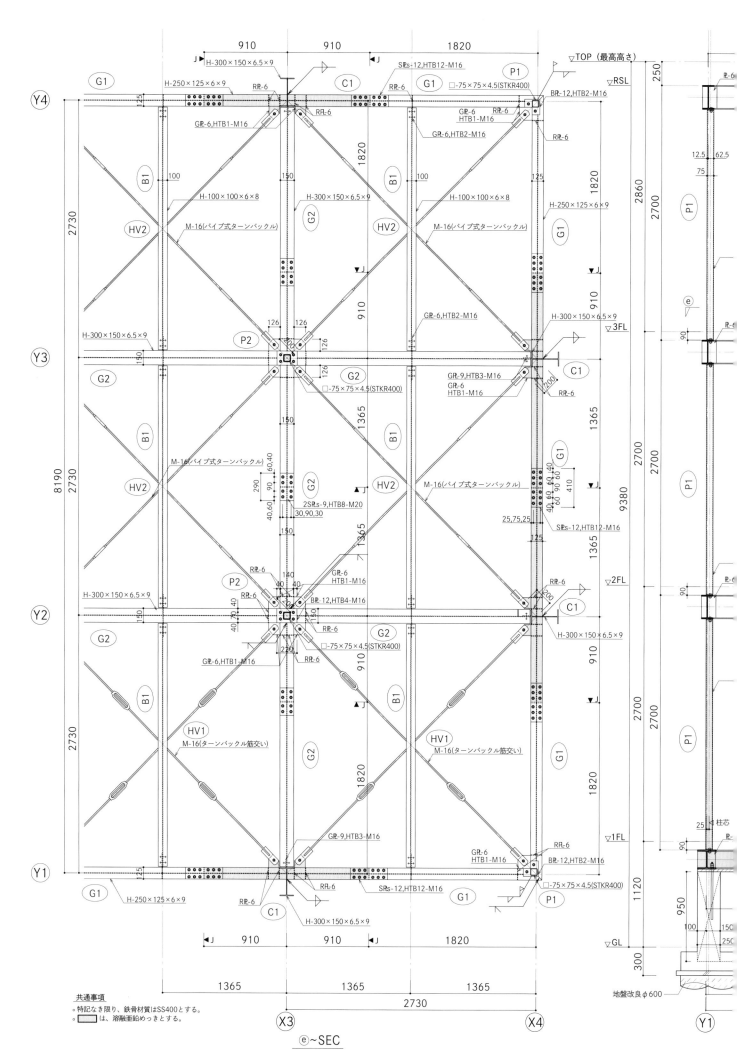

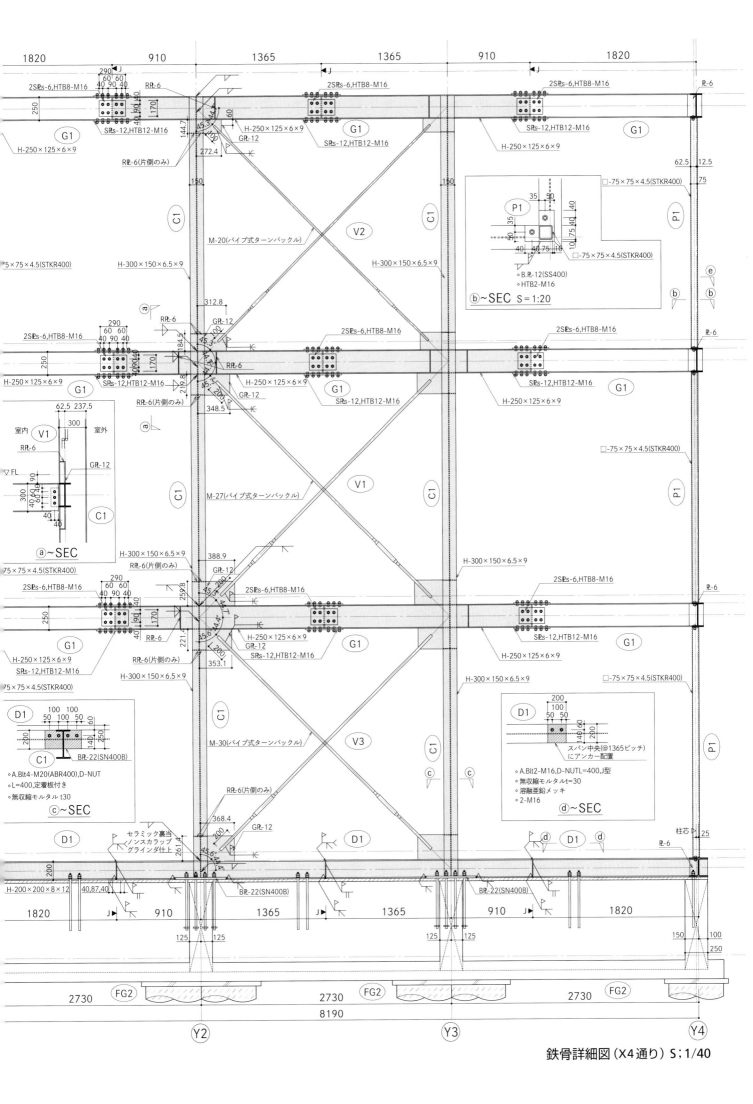
鉄骨詳細図（X4通り）S；1/40

東側から見た鉄骨フレーム

建具が閉じた東立面パース

建具が開いた東立面パース

A断面パース S;1/50

あとがき

　この本の題材である「波板の家」が実現するに際してまずは深い感謝を申し上げなければならない方々がいる。この建築を大らかに許容してくれたクライアントである滝川ご夫婦、そのクライアントをご紹介いただき、設計を進める中でもさまざまな助言を与えてくれた大学時代からの友人・平山高康氏、当然ながら彼らがいなければ何もはじまらず実現することは何ひとつなかった。よい建築をつくりたい一心で設計にのめり込んでしまったせいで竣工までに長い時間がかかりましたが、濃密な時間を過ごさせていただきました。本当にありがとうございました。建物の完成までには他にも実に多くの方々にお世話になったが、一人一人お名前を挙げるのはここでは省略させていただき、今後個人的にお礼を伝えていきたいと思う。

　次にこの本をつくる上で直接お世話になった方々にお礼を述べたい。2017年の暮れに近い頃、オーム社の三井渉さんからの突然のメールに話がはじまる。その際Webサイトへ論考を寄稿する機会をいただき、その縁もあり、ひとつの小さい住宅に関して一冊の本をつくるチャレンジがスタートすることとなった。既成の価値観やメディアの情報に流されない審美眼で、実作も少ない無名の作家の、ましてや時流に乗らない作品を見つけ出し拾い上げてくれたこと、そしてさまざまなメディウムを通してこの建築の意味を考え直す貴重な機会を与えてくれたことに深く感謝するとともに、最後まで辛抱強く自身の手を動かして本をまとめあげていく姿勢に感銘を受けました。また、ある意味では無謀かつ壮大な、われわれの新たな試みにかたちを与えていってくださった造本デザインの寺山祐策氏と写真レタッチの小林則雄氏にも深く感謝を致しております。みなさま本当にありがとうございました。

　そして最後に。この本は写真家の山岸剛さんとの協働の作品集でもある。ぼくは山岸さんの写真の「色」が好きだ。いつか自作でその「色」を引き出せる建築をつくりたいと思っていたが、この建築そしてこの本でついに、そのひとつ「黒」が現れた。それだけでとても嬉しいわけだが、あるとき山岸さんはそれを「透き通る漆黒」と呼んだ。何ともいいネーミングではないか。この本はもうすでに、ひとつの建築の図面集であるばかりではなく、一冊の写真集といっていい。図面、大判ドローイングやテキストはもちろんのこと、ページをめくり一枚一枚の写真をじっくりと眺めていただくことで、「波板の家」に対する多様な解読が生まれることを切に願っています。

2019年3月　山下大輔

付録は、A0 サイズの紙に描かれた大きな平面・断面詳細図（Scale：1/15）である。
この縮尺で〈全体〉を俯瞰すれば実際の空間体験に近い感覚を得ることができるだろう。
近づけばもちろん〈部分〉の確認もできる。
大きな図面を描き建築をつくっていくことの有効性をいま改めて確信している。

建築データ

名称　Corrugated-Sheet House　波板の家
所在地　愛知県愛西市
主要用途　専用住宅
家族構成　5 人（夫婦 + 子ども 3 人）

設計

設計　山下大輔建築設計事務所
　　　　担当：山下大輔、原田晃平（元所員）
構造　DIX ディックス　担当：田村尚土

施工

施工　渡邊工務店　担当：小澤龍三、熊沢利彦
鉄骨工事　東海鋼建
　　　　担当：水野力、只腰英二、金山啓介、鈴木浩
木工事　折笠建築　担当：折笠保
鋼製建具　イトゼン　担当：小澤健司
　　　　カネヒロ　担当：熊田光志、和田孝行
　　　　長尾木鋼　担当：水谷誠、中内孝治
木製建具・家具工事　山口木工所　担当：山口研太
外壁・板金工事　森井板金工業　担当：稲垣康亘、川合雄一
金属工事　髙木鉄工　担当：髙木昭浩、鳥本直彦、富田伸也
防水工事　フジ装業　担当：小田伸一
塗装工事　日比野塗装店　担当：本多康夫
内装工事　杉谷建装　担当：杉谷直樹
　　　　GREEN 舎　担当：田村隆志
　　　　浅井畳店　担当：浅井清
左官工事　丸山左官　担当：丸山忠夫
タイル工事　関戸タイル　担当：水野晃
給排水設備　佐藤水建　担当：河野憲重
電気　山昌電気　担当：山内秀元、山内厚
ガス　コメリン　担当：三輪勝敏
太陽光　ヤネトー　担当：西川崇
外溝　山富建設　担当：箕浦克彦
外構・造園　いせや庭石　担当：堀田力男

構造・構法

主体構造・構法　鉄骨造・ブレース構造
基礎　布基礎、地盤柱状改良

規模

階数　地上 3 階
軒高　8,915mm
最高の高さ　9,300mm
敷地面積　488.23m²
建築面積　81.95m²（建蔽率 16.78% 許容 60%）
延床面積　185.10m²（容積率 37.91% 許容 200%）
　1 階　74.50m²
　2 階　53.49m²
　3 階　57.11m²

工程

設計期間　2013 年 3 月〜 2016 年 10 月
工事期間　2016 年 10 月〜 2017 年 7 月

敷地条件

地域地区　市街化調整区域
防火指定　法 22 条区域内の防火制限
道路幅員　西 4.0m
駐車台数　2 台

写真撮影

山岸剛　©Takeshi YAMAGISHI

写真提供

田村尚土／ディックス　p6-7
山下大輔建築設計事務所　p9,p10

略歴

山下 大輔（やました だいすけ）

建築家。1976年東京都生まれ、石川県金沢市育ち。
2000年早稲田大学理工学部材料工学科卒業。2001年早稲田大学芸術学校建築設計科卒業。
2001〜2012年鈴木了二建築計画事務所勤務。
2007〜2012年早稲田大学芸術学校客員講師、
2012年〜同校非常勤講師。
2012年山下大輔建築設計事務所設立。
「波板の家」で平成30年日本建築士会連合会賞奨励賞を受賞。

山岸 剛（やまぎし たけし）

写真家。1976年横浜市生まれ。
1998年早稲田大学政治経済学部経済学科卒業。2001年早稲田大学芸術学校空間映像科卒業。
人工性の結晶としての「建築」と、それが対峙する「自然」との力関係を主題とするものとしての「建築写真」を制作する。
著書に「Tohoku Lost, Left, Found 山岸剛写真集」（LIXIL出版，2019）など。

造本デザイン
寺山祐策（寺山祐策事務所）

画像調整
小林則雄（ノアーズグラフィック）

- 本書の内容に関する質問は，オーム社書籍編集局「（書名を明記）」係宛に，書状またはFAX（03-3293-2824），E-mail（shoseki@ohmsha.co.jp）にてお願いします．お受けできる質問は本書で紹介した内容に限らせていただきます．なお，電話での質問にはお答えできませんので，あらかじめご了承ください．
- 万一，落丁・乱丁の場合は，送料当社負担でお取替えいたします．当社販売課宛にお送りください．
- 本書の一部の複写複製を希望される場合は，本書扉裏を参照してください．

[JCOPY]＜出版者著作権管理機構 委託出版物＞

住宅設計ドローイング
BIG ARCHITECTURE BOOK 波板の家

2019年3月25日　第1版第1刷発行

著　者　山　下　大　輔
写　真　山　岸　剛
発行者　村　上　和　夫
発行所　株式会社 オーム社
　　　　郵便番号　101-8460
　　　　東京都千代田区神田錦町3-1
　　　　電話　03（3233）0641（代表）
　　　　URL　https://www.ohmsha.co.jp/

© 山下大輔・山岸剛 2019

印刷・製本　図書印刷

ISBN978-4-274-22349-5　Printed in Japan